Magdalene Furch

Ich bin halt so…
Alte Muster überwinden

FAMILY
johannis

Bildnachweis:
Umschlagfoto: J. Beckett/IFA-Bilderteam; S. 9, 17 oben: W. Rauch; S. 17: TH-Foto-Werbung; S. 25: D. Schinner; S. 29 oben, 41 unten: W. Matheisl; S. 29 unten: G. Weissing; S. 33: Dr. Titz/TIPHO-Bildarchiv; S. 41 oben: P. Jacobs; S. 49: H. Schlegel; S. 57 oben: H. Mülnikel; S. 57 unten: P. Santor; S. 61: M. Mehlig

Die Deutsche Bibliothek – CIP-Einheitsaufnahme

Furch, Magdalena:
Ich bin halt so… : alte Muster überwinden / Magdalena Furch. – Lahr : Johannis, 1997
   (Johannis-Geschenktaschenbücher ; 7132 : Johannis family)
   ISBN 3-501-07132-9
NE: GT

Johannis-Geschenktaschenbücher
Johannis-FAMILY 07132
© 1997 by Verlag der St.-Johannis-Druckerei, Lahr
Umschlaggestaltung: Junge & Kleschnitzki, Witten
Gesamtherstellung:
St.-Johannis-Druckerei, 77922 Lahr
Printed in Germany 12865/1997

Inhaltsverzeichnis

Vorwort	4
Einleitung	5
I. Fehlhaltungen und das, was sie fixiert	14
1) Passivität	15
2) Rückwärtsgewandte Klage und Anklagehaltung	21
3) Erwartungshaltung	26
4) Haltung der Rache und Vergeltung	30
II. Wie kann man Menschen mit Fehlhaltungen helfen?	35
III. Heil werden durch Vergebung	52

Vorwort

In meiner Praxis als Psychotherapeutin begegnen mir viele Menschen, die durch Verletzungen in der Vergangenheit ihr eigenes Leben – bewußt oder unbewußt – völlig unter die Einwirkung dieser schlimmen Vergangenheit stellen. Dies ist besonders dann der Fall, wenn die Verletzungen sehr früh und lange eingewirkt haben und die Betroffenen dadurch so entmutigt sind, daß sie sich schon lange nicht mehr mit eigenen Lebensmöglichkeiten beschäftigen.

Ich möchte all denen, die sich in einer solchen Situation befinden, Mut machen, die verbliebenen Lebenschancen ins Auge zu fassen und zu entwickeln. Denjenigen, die Verletzten helfen wollen, möchte ich einige Hinweise geben aus meiner vielfältigen Erfahrung in der Begleitung solcher Menschen in ihre eigene Freiheit hinein.

All diese Erfahrungen habe ich nur machen können, weil mir verletzte Menschen ihr Vertrauen geschenkt haben. So sind es also nicht »meine« Erfahrungen, sondern gemeinsame Erfahrungen. Am Ende eines solchen Weges mit einem Verletzten stelle ich dann auch immer wieder fest, daß ich, die ich ja zunächst als Helfende angesprochen wurde, die Beschenkte bin. Dafür bin ich allen, mit denen ich eine Wegstrecke gehen durfte, dankbar.

Magdalene Furch

Einleitung

Um Mißverständnissen vorzubeugen, möchte ich gleich zu Beginn festhalten, daß ich seelische Verletzungen nicht bagatellisieren will. Als Psychotherapeutin weiß ich sehr wohl, daß besonders solche aus der Kindheit – aber auch aus späteren, schwierigen zwischenmenschlichen Begegnungen – entsetzliche Hemmungen, Ängste, Mißtrauen und Minderwertigkeitsgefühle auslösen können.
Aus Gesprächen mit meiner Mutter und auch mit anderen Menschen aus ihrer Generation weiß ich, daß damals die Neigung bestand, über Schwierigkeiten und Kränkungen nicht zu sprechen, ja nicht einmal lange darüber nachzudenken. Für die meisten Menschen jener Generation war es selbstverständlich, daß das Leben kein Zuckerschlecken sei. Es war ganz normal, daß man sich einordnen, ja unterordnen, daß man sich anstrengen und mit aller Kraft nach vorne streben mußte. »Wer hat denn in unserer Generation schon über sowas nachgedacht«, begann eine Frau das Gespräch, als ich sie nach Verletzungen aus der Kindheit fragte. Dabei hatte sie es wirklich nicht leicht gehabt: Eine chronisch kranke Mutter, viel Arbeit schon als kleines Mädchen, Schläge bei Verfehlungen. Sie hatte sich nie Gedanken darüber gemacht, ob ein Zusammenhang bestehen könnte zwischen ihrer

schwierigen Jugendsituation und den Depressionen, die gerade jetzt auftraten, wo es ihr eigentlich endlich gut gehen konnte! All das Schwere ihrer Kindheit und Jugend, das sie nie verarbeiten konnte, hatte sich nun schließlich »kränkend«, in der Krankheit Depression geäußert. Als wir über die vielen Belastungen, Ängste und Sorgen ihrer Kindheit und Jugend sprachen, die ihr gar keine Kraft und Zeit gelassen hatten, über ihre eigenen Wünsche und Möglichkeiten im Leben nachzudenken, da begriff sie Stück für Stück, daß sie jetzt, wo es ihr besser ging und sie sich eigentlich einige Wünsche erfüllen könnte, oft de-pressiv (d.h. niedergedrückt) reagierte. Sie hatte es einfach nicht gelernt, sie selbst zu sein, eigene Wünsche zu verfolgen, für sich etwas zu wollen, sich von anderen abzugrenzen... Sie war ja gelehrt worden »es jedem recht zu machen, ja nicht aufzufallen und anzuecken«, im eigentlichen Wortsinn selbst-los zu sein.

So waren für sie die neuen Möglichkeiten eher bedrohlich, machten ihr Angst und die Seele antwortete mit Rückzug. Dabei sagte sie von sich selbst, daß ihre Kindheit und Jugend nicht besonders hart gewesen seien, sondern eher normal für ihre Zeit. Dennoch hatten die »normalen« Belastungen zu einer Verkümmerung ihres Selbstwertes geführt. Ihr Selbstbewußtsein wurde eingeschränkt, weil diese Lasten und Be-lastungen schon in früher Kindheit andauernd auf sie einwirkten und zu einer Fehleinstellung führten, die sie auch jetzt noch beibehielt, weil sie nichts anderes kannte. Diese Fehleinstellung der Selbst-losigkeit führte schließlich zu dem Alarmsymptom Depression und später über eine Neueinstellung auch zur Heilung. Allerdings nicht so, wie es heute vielfach propagiert wird: »Jetzt mußt du mal nur an dich denken.« Nein, sie lernte, sich angemessen mit ihren Bedürfnissen wahr-zunehmen und zu vertreten, aber dabei den anderen Menschen mit seinen berechtigten Bedürfnissen auch zu berücksichtigen.

Ich wollte mit diesem Beispiel aufzeigen, daß nicht nur ganz schlimme Verletzungen aus der Vergangenheit heute Probleme machen können, sondern daß unsere Seele auf Veränderung oft mit Angst reagiert – auch auf solche, die von außen betrachtet Verbesserungen der Situation darstellen könnten.

Um die Wirkung von Verletzungen und die sich daraus entwickelnden Schwierigkeiten verstehen und dann überwinden zu können – oder auch anderen Menschen bei der Überwindung zu helfen – bedarf es einer vielseitigen Betrachtung, die sowohl das vergangene Geschehen, als auch die Einstellung dazu und die heutige Lebenssituation beinhalten muß. Im oben genannten Fall war die Verletzung nicht sehr heftig, aber – steter Tropfen höhlt den Stein – hochwirksam durch die lange Dauer, die zu der seelischen Fehlhaltung führte. Die Betroffene war dafür völlig blind und litt auch nicht darunter, bis die äußere aktuelle Lebenssituation sich änderte.

Zum Auftreten bzw. zum Auslösen der seelischen Krise hatte also auch die aktuelle Lebenssituation mit neuen, angstmachenden Angeboten stark beigetragen.

»Mir wurde von meinen Eltern immer zu verstehen gegeben, ich sei ein Problem. Das hat mich bis jetzt in allen Beziehungen unglücklich gemacht. Heute weiß ich, daß ich zwar Probleme habe und Fehler mache wie alle Menschen, aber daß ich als Person okay bin.«

In einer solchen Aussage spüren wir, daß hier eine eindeutig starke Verletzung der Person vorliegt. Auch in diesem Falle führte aber die Einstellungsänderung zur Heilung. Diese junge Frau änderte die Einstellung zum Gewicht der Äußerungen ihrer Eltern, wagte diese in Frage zu stellen und mehr für sich selbst aktiv zu werden, obwohl die Eltern ihre Meinung nicht änderten und sie auf ihrem neuen Weg in ihr eigenes aktives Leben in keiner Weise unterstützten.

Aus alten Verletzungen in der Kindheit erwächst oft eine passive (erleidende) Haltung. Diese entsteht aus dem Gefühl, selbst unfähig zu sein, selbst keine Möglichkeiten zu haben und nur reagieren zu können, anderen Menschen ausgeliefert zu sein. Dieses Gefühl ist ja in der Kindheit zunächst auch angemessen, sollte aber später überwunden werden. Das Gefühl der Unfähigkeit drückt sich auch in der Sprache aus. Bei solchen Menschen kommt das Wort »können« vorwiegend in Begleitung des Wortes »nicht« vor. »Ich kann nicht...« »Ich

kann mich nicht aufraffen, ich kann mich nicht durchsetzen, ich kann dies und jenes nicht«, sind typische Äußerungen dieser Haltung. Auch eine fast durchgehende Benutzung des Konjunktives ist für solche Menschen typisch: »Ich würde ja, aber ich kann nicht.« Schon die eigenen Gedanken – von denen ein altes Lied sagt, daß diese wenigstens frei seien – werden nur in dieser unklaren, unsicheren Form ausgedrückt: »Ich würde meinen, ich würde denken, ich würde sagen.« Das heißt: Schon der Ansatz für eine aktive Lebensgestaltung wird in Frage gestellt. Das führt sofort wieder zu einer Verunsicherung. Fragt man weiter, unter welchen Bedingungen man denn »würde«, so kommt meist heraus, daß es die Bedingung ist, daß die anderen Menschen dem zustimmen, derselben Meinung sind, dasselbe für gut halten, dasselbe wollen. Wieder erscheint die Abhängigkeit von dem, was andere Menschen wollen. Das heißt doch, daß andere Menschen als fähiger, stärker, klüger… angesehen werden. Wurde in der Kindheit zu oft gehört oder gar durch Gewalt erfahren: »Du kannst das nicht, laß, ich mach das schon, sonst geht es wieder schief…«, bis hin zu: »Halt den Mund, Deine Meinung ist einen Dreck wert« (so hörte es ein 40jähriger Mann – ein Patient von mir – fast täglich, und es gellt heute noch in seinen Ohren!), dann wird später eine solche Haltung fest geprägt. Geschieht dies zusätzlich mit Schlägen, Einsperren oder gar sexueller Gewalt, so sind die negativen

Folgen noch viel tiefgreifender. Denn diese Handlungen vermitteln einem Menschen auch körperlich, daß er so wenig wert ist, daß man ihn benutzen, mißbrauchen, mißhandeln und willkürlich behandeln kann. Ein Kind entwickelt sein Selbstwertgefühl aus der Wertschätzung von ihm nahestehenden Menschen und erleidet deshalb besonders schwerwiegende Verletzungen, wenn diese weitgehend fehlt oder Mißachtung, Geringschätzung und gar Demütigungen erfahren wurden.

»Was war ich denn für ihn, daß er mich so mißbraucht hat – ein Dreck!« brach es aus einer jungen Frau heraus, die von ihrem Vater viele Jahre sexuell mißbraucht worden war! Als sie es erstmals wagte, sich mit dieser entsetzlichen Tatsache auseinanderzusetzen, begann sie, sich auch gleichzeitig von dem Wertmaßstab des Vaters abzugrenzen.

Ich glaube, daß leider auch in christlicher Erziehung – durchaus gut gemeint – viel falsch gemacht wurde in dem Glauben, der eigene Wille eines Kindes müsse gebrochen werden, Eigenwilligkeit sei schlecht, gegen Gott ausgerichtet. In diesem Zusammenhang fällt mir eine Bemerkung ein, die ich oft in meiner Kindheit hörte: »Eigenlob stinkt.« Schließlich wagte ich gar nicht mehr, mich zu freuen, wenn mir etwas nach Anstrengung doch noch gut gelungen war und schon gar nicht, es anderen zu zeigen, damit sie sich mitfreuen sollten. Auch Gott konnte ich so natürlich nicht dankbar sein dafür, daß er mir Gaben und gutes Gelingen geschenkt hatte. Im Gegenteil, ich begann mich für meinen angeblichen Hochmut zu schämen, und so fühlte ich mich schließlich – zusätzlich zu meinen Fehlern – auch noch für das Gute in mir schlecht. Wie horchte ich auf, als ich erstmals ganz bewußt die Geschichte aus der Bibel von den verlorenen Dingen las. Am bekanntesten ist ja diejenige vom verlorenen Schaf. Da stand doch wirklich, daß der Hirte, der dieses eine Schaf mit Mühe gerettet hatte, in seinem Dorf rief: »Freut euch mit mir!«

Ich weiß heute, daß die Kernaussage dieser Geschichte heißt: Es herrscht Freude im Himmel über jedes gerettete Menschenleben. Für mich aber war es damals ungeheuer wichtig zu hören, daß man sich über eigene Gaben und Leistungen auch freuen darf!

Ich hoffe, die genannten Beispiele haben deutlich gemacht, wie schwer Verletzungen in der Kindheit und Jugend die Entwicklung eines guten Selbstwertgefühles behindern und einschränken können, und damit auch die Fähigkeit, das eigene Leben und besonders die zwischenmenschlichen Beziehungen befriedigend zu gestalten.

Aufgrund solcher Verletzungen bleiben nun viele Menschen ihr Leben lang überempfindlich. Sie reagieren auf jede ähnliche Belastung gekränkt und glauben, lebenslänglich die besondere Rücksichtnahme anderer Menschen zu benötigen, um besser leben zu können. Ja, sie glauben sogar, diese aufgrund des Leidens ihrer Kindheit beanspruchen zu können. Damit aber machen sie ihr in der Kindheit erworbenes Problem zu einem Dauerbrenner. Sie bleiben passiv (leidend) und sehen schließlich gar keine Möglichkeit mehr, ihr Leben und ihre Beziehungen an den kritischen Punkten neu zu gestalten. Sie liefern sich damit immer wieder anderen Menschen aus und geben dem andern (und überhaupt nicht sich selbst) auch als Erwachsene noch die alleinige Verantwortung für das Gelingen oder Scheitern der Bewältigung von Beziehungskrisen. Zusätzlich sehen sie durch diese Fixiertheit auf Ängste, Vorbehalte und negative Erwartungen auch solche Schwierigkeiten überdeutlich und unüberwindlich, die eigentlich in jeder normalen Beziehung vorkommen. Im Zweifelsfall deuten sie das Verhalten des anderen Menschen negativ und gegen sich selbst gerichtet. So bestätigen sie sich immer wieder die alten negativen Erfahrungen. Ein Teufelskreis, der »lebenslänglich« bestehen bleiben kann, wenn diese Menschen ihre Einstellung nicht verändern.

Dies aber fällt so schwer, weil man das Leid, das daraus erwächst, kennt und irgendwie schlecht und recht damit umzugehen gelernt hat. Dabei entwickelte man Strategien, um sich notdürftig zu schützen.

Sigmund Freud, einer der großen Erforscher der kranken menschlichen Seele, sagt, daß wir das gewohnte (neurotische) Elend festhalten. Dies tun wir, weil wir Angst vor

neuem – vor allem vor eigenverantwortlichem – Leben haben.
So ähneln diese Schutzmechanismen einer Schutzhaft. Einerseits vermitteln sie einen gewissen Schutz davor, immer wieder neu verletzt zu werden, andererseits bleibt ein Mensch, der nichts Neues wagt, aber auch darin gefangen. Er fühlt sich ausgeschlossen vom gemeinschaftlichen Leben. Oft drücken Betroffene es so aus, daß sie immer eine hohe Mauer zwischen sich und den anderen Menschen spüren. Das Schlimme ist, daß diese Mauer Fenster hat, durch die man sehen kann, wie die anderen Menschen Gemeinschaft pflegen. Man selbst aber ist ausgeschlossen davon, eingeschlossen in einem Angst-Schutz-Gefängnis.

I. Fehlhaltungen und das, was sie fixiert

Es ist notwendig, Fehlhaltungen zu erkennen, weil diese Erkenntnis eine Veränderung erst möglich macht. Wie schon erwähnt, können solche Fehlhaltungen durch Verletzungen in der Kindheit entstehen. Dafür ist ein Mensch nicht verantwortlich! Aber dafür, daß er im Erwachsenenalter immer weiter an diesen Fehlhaltungen festhält, dafür ist ein Mensch verantwortlich. Deshalb möchte ich Mut machen, diese Fehlhaltungen zu korrigieren und die Freiheit zu ergreifen, die auch nach schlimmsten Verletzungen in der Kindheit (z.B. sexueller Mißbrauch) besteht. Diese Freiheit beinhaltet, die eigene Einstellung zu den früheren Verletzungen als erwachsener Mensch zu verändern.

Kein Mensch ist dazu verurteilt, wie eine Straßenbahn lebenslang auf den Schienen zu laufen, auf die er als Kind gebracht wurde! Besonders Krisen im Leben, in denen sich altes Leid noch einmal deutlich zeigt, sind eine große Chance, die Weichen neu zu stellen, seinem Leben eine andere Richtung zu geben, neue (wenn auch angstmachende) Wege unter die Füße zu nehmen.

Dabei werde ich – um der Klarheit willen – einzelne Fehlhaltungen herausarbeiten, wohl wissend, daß sie gar nicht immer so klar abgrenzbar sind, sondern ineinander übergehen, sich verknüpfen und verstärken können.

1. Passivität

»Ich war, bin und bleibe ein Opfer«, lautet die Grundeinstellung dieser Fehlhaltung. Besonders die beiden letzten Worte »bin« und »bleibe« wirken sich verheerend aus. Mir ist aufgefallen, daß Menschen in dieser Haltung oft das Wort »sowieso« benutzen. Dies drückt die Mutlosigkeit aus, die diese Einstellung bedingt. »Sowieso« ändert sich ja nichts. »Es ist egal, was ich mache, ob ich mich so oder so verhalte, es bleibt alles beim alten Elend.« In diesen Worten drückt sich das unabänderlich Hoffnungslose aus! Die Unmöglichkeit ist damit festgeschrieben. Natürlich hat das auch damit zu tun, daß eigene Gaben gar nicht entdeckt oder nicht weiterentwickelt – oder zumindest nicht wertgeschätzt wurden und immer noch nicht werden. Dies drückt sich in der Meinung aus: »Na ja, das ist doch selbstverständlich, was ich gemacht habe, das kann doch jeder!« Andererseits werden eigene Schwächen verstärkt wahrgenommen. Bei jedem »normalen« Versehen, das allen Menschen mal passiert, erlebt sich ein solcher Mensch als unfähig und drückt es auch aus: »Nicht einmal das kann ich.« Zutrauen in die eigenen Möglichkeiten ist also nicht vorhanden, die eigenen Unmöglichkeiten sind dafür stets gegenwärtig. So glauben diese Menschen oft, in Beziehungen auch gar nicht das Recht zu haben, diese an kritischen Punkten neu zu gestalten. »Ja, darf ich denn meinem Mann nein sagen, wenn...« waren die häufigsten Entgegnungen einer ungefähr 40jährigen Frau, wenn ich ihr Veränderungsvorschläge machte. Sie stammt aus einer zerrütteten Ehe ihrer Eltern, fühlte sich von Kind an verantwortlich für Harmonie und führte das Scheitern der Ehe ihrer Eltern mitsamt der Scheidung auf ihre eigene Unfähigkeit, Harmonie zu stiften, zurück. Mit 16

Jahren hatte sie sich in die Ehe mit einem älteren Mann gestürzt, der sie völlig beherrschen und kontrollieren wollte. Durch ihre Passivität waren diese Eigenschaften des Ehemannes immer mehr verstärkt worden, weil er durch diese passive Partnerin keine Korrektur erfuhr. Da sie nie ein Gegenüber war, sondern sich vor ihm immer klein machte, konnte er sich in jedem Fall groß fühlen, egal wie er sich verhielt.

Genau diese Hilfe sind wir aber einander in einer Partnerschaft oder Freundschaft schuldig. Einer soll den anderen zu dessen besseren Möglichkeiten verhelfen! Das geht aber nur, wenn wir aktiv werden, wenn wir Wünsche an den anderen Menschen herantragen, ihn um Entgegen-kommen und auch Zu-neigung bitten. Sicher gehört auch dazu, daß wir dem anderen Menschen mitteilen, was uns kränkt an seinem Verhalten, wo wir uns alleingelassen fühlen oder übergangen oder gar ausgenutzt. Ich glaube, das fällt den allermeisten Frauen noch immer sehr schwer. In einem Ehepaargespräch nahm eine meiner Patientinnen allen Mut zusammen und sprach all diese Dinge aus, die sie in den letzten Ehejahren geschluckt hatte. Dies hatte dazu geführt, daß die Ehe kalt wurde, die Frau Schlaftabletten nahm, um abends um acht Uhr einzuschlafen. Am Morgen ging sie zur Arbeit, machte noch Überstunden und ging dann wieder um acht Uhr mit den Tabletten (von denen sie natürlich immer mehr brauchte) ins Bett. Als ihr Mann sehr überrascht und kleinlaut reagierte: »Davon hatte ich ja keine Ahnung, warum hast du denn all die Jahre nichts gesagt«, war ihre Antwort: » Wenn man dir das erst sagen muß, hat es keinen Zweck. Wenn du das nicht von selbst tust, liebst du mich nicht.« Ich weiß, daß viele Frauen ähnlich denken. Schade!

Zurück zu unserer »Beispiel-Frau«. Sie lernte durch ihre Depression, daß sie eine Fehlhaltung hatte und dadurch ihrem Mann keine Partnerin sein konnte. Sie erkannte, daß sie für seine Partnerschafts-Unreife mitverantwortlich ist. Als sie in die Klinik kam, hatte sie ausschließlich mit anklagend bitterem Gesicht über ihren Mann geklagt, der ihr nichts erlaube, ihr mißtrauisch nachspioniere, alle Entscheidungen eigenmächtig fälle und sie mit der Erziehung der Kinder und dem Haushalt völlig alleine lasse. Jetzt aber begann sie, an ihrer Fehlhaltung zu arbeiten, eigene Vorstellungen zu entwickeln, Freude daran zu haben und dann auch für sich zu werben. Daß heißt, sie begann ihre Situation aktiv zu verändern und wartete nicht mehr darauf, daß die Veränderung von außen geschehe. Und am allermeisten hat sie sich dabei selbst verändert. Aus einer Frau mit anklagend unzufriedenem Gesicht, auf deren Körper sich eine Menge Kummerspeck angesammelt hatte, wurde eine charmante, lebenssprühende Frau, die abnahm, was Hungerkuren bisher nie bewirkt hatten.

Wenn solche Veränderungen geschehen, muß ich oft an

das Lied von Zarah Leander denken: »Ich weiß, es wird einmal ein Wunder geschehen...«! Wie viele Menschen lügen sich selbst – wie Zarah Leander am Ende des Krieges – vor, es müsse ein Wunder geschehen! Nein, das Wunder fällt uns nicht in den Schoß, an dem dürfen und müssen wir mitarbeiten, sonst geschieht es ebensowenig, wie das Wunder, das die Sängerin versprach.
Ja, ich behaupte sogar, ein Wunder wäre in den wenigsten Fällen wirklich hilfreich. Wir würden es nehmen, benutzen, aber es würde uns nicht verändern. Aber wenn wir eine Fehlhaltung, eine Fehleinstellung dauerhaft überwinden wollen, dann müssen *wir* uns verändern.
Eine andere Frau sagte nach einigen Gesprächen: »Ich dachte immer, meine Lebensumstände müßten sich ändern, obwohl die Erfahrung mir gezeigt hatte, daß das nicht geschah. Deshalb war ich so verzweifelt. Jetzt glaube ich fest, daß ich meine Einstellung ändern kann und muß.« Auch sie gab ihre passiven Erwartungen auf und schmiedete Pläne für ihr eigenes Leben und für Veränderungen in Ehe und Familie.
Das fing schon in der Klinik an. Weil sie an Weihnachten nach Hause durfte, freute sich die ganze Familie, und sie wurde gefragt, was sie sich denn wünsche. Ohne die Rücksicht, die sie früher immer genommen hatte mit dem Gedanken, was die *anderen* wohl wünschten, wagte sie zu sagen: »Daß der Fernseher aus bleibt.« Da wur-

den zunächst die Gesichter sehr lang! Besonders ihr Mann hatte Weihnachten schon mit dem Fernseher verplant. Aber sie hatte sich gut auf das fernsehfreie Fest vorbereitet und freute sich schon darauf, mit der Familie neue, tolle Spiele zu spielen, mit den Kleinen zu basteln, dem Mann etwas aus einem für sie wichtigen Buch vorzulesen und gemeinsam ein neues Weihnachtsessen zuzubereiten. Und sie war fest entschlossen, sich diese Freude auch durch anfängliche Widerstände und Gemaule nicht nehmen zu lassen. Ja, sie übte sogar ein paar Redewendungen ein, die die Familie zu den ungewohnten Aktivitäten ermuntern sollten.
Überglücklich kam sie in die Klinik zurück mit dem Auftrag der jüngsten Tochter: »Mami, wenn du wieder zu Hause bist, dann wünsch ich mir öfters so ein Wochenende!«
Ich weiß, daß es im Alltag dann oft schwierig war und auch noch ist, aber die Frau sucht und findet immer wieder Möglichkeiten, seit sie beschlossen hat, das, was sie für richtig erkannt hat, selbst aktiv anzugehen.

2. Rückwärtsgewandte Klage und Anklagehaltung

»Mit dieser schlimmen Vergangenheit ist mir die Zukunft versperrt, also bleibt mir vom Leben nur die Klage und Anklage. Und das halte ich fest!« Menschen mit dieser Haltung beschäftigen sich also mit dem, was einmal gewesen ist und zwar vorwiegend mit dem Negativen. Sie leben quasi die Vergangenheit immer wieder. Dadurch, daß sie ein hervorragendes Gedächtnis für Verletzungen haben, wird ihre Haltung geprägt. Sie gehen an alle Lebenssituationen mit dieser Einstellung heran und bewirken damit, daß das, was sie erwarten, auch tatsächlich eintritt. Ein deutsches Sprichwort drückt das so aus: »Wie man in den Wald hineinruft, so klingt es heraus.«

Natürlich wissen diese Menschen nicht, daß sie selbst für das, was sie beklagen, die Weichen stellen.

»Aber ich kann einfach nicht vergessen, was mir angetan wurde«, höre ich in vielen Gesprächen. Das mag sein, aber muß ich mich denn ausliefern, muß ich wirklich mein Leben davon bestimmen lassen? Ich meine, ich muß nicht!

Ich habe vor einiger Zeit angefangen, in einem Bereich meines Lebens eine neue Einstellung und ein neues Verhalten zu erarbeiten. Lange beklagte ich die Tatsache, daß die Welt so unfreundlich geworden sei und niemand dem anderen Menschen mehr einen guten Tag wünsche! Nun grüße ich die Menschen, die mir begegnen, ganz bewußt. Es gibt nur wenige, die meinen Gruß achtlos hinnehmen. Einige reagieren erstaunt, aber die meisten lächeln und grüßen zurück. Ich kann also Freundlichkeit bewirken, wenn ich – statt bitter zu klagen über all die

Gleichgültigkeit – selbst freundlich bin. So läßt sich die Gegenwart neu, besser gestalten.

»Meine Schwiegermutter erzählt mir immer wieder, welche Menschen sie früher schlecht behandelt haben. Sie weiß noch alle Einzelheiten und kann alle Personen nennen, die dafür verantwortlich sind, daß sie nie weiter gekommen ist im Leben«, berichtete eine junge Frau, die inzwischen den Kontakt zur Schwiegermutter meidet, weil sie sich in diesen negativen Strudel hineingezogen fühlt. Genau dies ist dann häufig auch die Folge einer solchen Haltung. Andere Menschen ziehen sich von den Klagenden und Anklagenden zurück, wenn sie merken, daß deren Haltung weder mit Zuneigung noch mit neuen Vorschlägen zu durchbrechen ist. Und dann fühlen sich diese bedauernswerten Menschen in ihrem negativen Urteil bestätigt: »Mit mir will keiner etwas zu tun haben!« Und wieder sehen wir einen Teufelskreis.

In der Bibel wird für diese Anklagehaltung ein sehr anschauliches Bild benutzt.

Jesus erzählt die Geschichte von einem Menschen, der pflügen will und rückwärts schaut. Wenn wir uns dieses Bild einmal vor Augen halten, so wird doch ganz klar, daß jemand, der beim Pflügen rückwärts schaut, mit Sicherheit ganz krumme Furchen ackert! Wahrscheinlich wird sich sein Pflug zudem sehr schnell an herumliegenden Steinen stumpf schlagen, weil er sie ja gar nicht wahrnimmt und darauf auch nicht angemessen reagieren kann. Und genau über dieses Gefühl klagen mir immer wieder Menschen mit der Fehlhaltung der rückwärtsgewandten Klage. Sie fühlen sich oft zusätzlich wundgeschlagen und empfinden, daß alles schiefläuft.

Ein Mann, der eigentlich im Leben heute recht gut dasteht – er hat einen guten Beruf, eine feine Frau, gesunde Kinder – konnte dennoch nicht richtig froh werden, weil er immer wieder viel Zeit damit verbrachte, ja verbringen mußte, wie er sagt, um über die Kargheit und Ungerechtigkeit seiner Kindheit und Jugend nachzugrübeln. Insbesondere die Tatsache, daß er sich alles, was er heute hat, hart erarbeiten mußte und dennoch von seiner Mutter nie Anerkennung bekam, machte ihn unglücklich und bitter. Er wäre diese Gedanken gerne losgeworden (Sie erinnern sich an den Wunsch mit dem Wunder?), aber je stärker er sich bemühte, mit ihnen fertig zu werden, desto mehr schlechte Erinnerungen quälten ihn. Sein Blick war viele Jahre in die Vergangenheit gerichtet. Zwar ging er seinem Beruf nach und hat bis heute sehr viel geleistet, aber das bedeutete ihm alles nichts. Für ihn hätte nur gezählt, wenn seine Mutter oder wenigstens seine Geschwister endlich eingesehen hätten, wie sehr sie ihn verkannt haben und ihm endlich die Achtung gezollt hätten, die er sich so sehr wünschte.

Therapien, die sich vorwiegend mit der Verarbeitung von Kindheitsmängeln beschäftigen, hatten ihm nicht geholfen, sondern ihn tiefer in sein Elend geführt, weil sie

seine Haltung eines Kindes, das auf das Lob der Mutter Anspruch hat und ohne dieses nicht leben kann, nie in Frage gestellt hatten.
Genau das tat ich im ersten Gespräch. Ich machte ihn aufmerksam auf das, was er ohne diese Anerkennung alles geschafft hatte. Später berichtete er davon, wie viel Liebe er von seiner Frau bekommen hatte, die er aber gar nicht richtig genießen konnte, weil er ja in der Vergangenheit suchte.
Vor einigen Tagen kam er nochmals vorbei und freute sich, daß er »weder tags noch bei Nacht über alte Ungerechtigkeiten nachgrübeln muß« und einen schönen Urlaub mit seiner Frau verbracht hatte.
Ich bewundere diese Frau sehr, daß sie so viele Jahre bei ihm ausgeharrt hat, während ihn die alten Dinge beschäftigten und er dort die Zu-neigung investierte, die sie so gerne gehabt hätte! Ich glaube, sie liebt ihren Mann sehr, und er weiß es jetzt auch und ist dankbar dafür.
Dieses Beispiel leitet schon über zu einer verwandten Fehlhaltung, die der

3. Erwartungshaltung

»Wenn der andere seine Fehler nicht einsieht, kann ich nicht glücklich werden, also habe ich ein Recht auf Wiedergutmachung!«

Die Fehlhaltung der Anspruchlichkeit betrifft meist Menschen, die sich selbst nichts zutrauen. Sie haben irgendwann herausgefunden, daß dies auch etwas mit Verletzungen aus der Vergangenheit zu tun hat. Nun glauben diese Menschen oft, sie könnten nur heil werden, wenn die Verletzer und/oder auch andere Menschen den Schaden wiedergutmachen. So warten sie darauf – ja sie bestehen darauf –, daß der Vater, die Mutter... einsehen und bedauern sollten, was sie falsch gemacht haben.
Es ist verständlich, daß ein verletzter Mensch sich danach sehnt, daß er von den Verletzern, insbesondere, wenn es nahe Angehörige sind, ein Wort des Bedauerns hört. Aber davon darf die eigene Heilung nicht abhängig gemacht werden! Es ist auch verständlich, daß ein lange Verletzter nur vorsichtig anderen Menschen vertrauen will. Es ist normal, daß er an den Verletzungsstellen empfindlich ist, aber wenn daraus der Anspruch abgeleitet wird, daß andere Menschen dauernd wiedergutmachen sollen, dann werden alle Beziehungen durch die alte Verletzung belastet!
»Ein Mensch mit einer so schweren Kindheit kann eben nicht mehr vertrauen«, sagte eine in ihrer Einsamkeit unglückliche Frau, nachdem sie sich zuerst darüber beklagt hatte, wie kalt und gleichgültig andere Menschen ihr gegenüber seien. Ich wies sie darauf hin, daß im Zusammenhang mit dem Wort Vertrauen die Tätigkeitswörter *wagen* und *schenken* benutzt werden (Vertrauen wagen,

Vertrauen schenken) und daß ich glaube, sie könne in diesem Sinn durchaus tätig werden und so ihre Situation in kleinen Schritten zum Guten verändern.

»Ich will anderen Menschen nicht zur Last fallen«, so erklären die Frau und andere betroffene Menschen sich selbst und anderen gegenüber ihre passive Erwartungshaltung. Oft hat die alte Verletzung bei diesen Menschen den tiefen Eindruck hinterlassen, eine Last gewesen zu sein. Und diesen Eindruck übertragen sie nun auf alle anderen Menschen. Sie wollen nie wieder das Risiko eingehen, zurückgewiesen zu werden. Damit ist aber automatisch der Anspruch verbunden, daß die anderen Menschen allein aktiv werden, ja genau dieses Risiko übernehmen.

Eine junge Frau war so lange Zeit mit ihren Verletzungen beschäftigt gewesen, daß sie nach außen hin unnahbar und abweisend erschien. Im tiefsten Inneren aber sehnte sie sich sehr nach der Zuwendung anderer Menschen und war in ihrer selbstgeschaffenen Schutzhaft unglücklich. Endlich folgte sie der Einladung, anderen Menschen doch wieder Vertrauen zu schenken – und was geschah? Sie machte gute neue Erfahrungen! Rückblickend drückte sie ihr Bedauern über ihre falsche Einstellung so aus: »Ich habe Mauern aufgebaut, die mich schützen sollten und habe damit andere Menschen abgewiesen. Ich habe Stacheln gezeigt gegen Menschen, die mir gar nichts getan hatten, und ich habe andere dafür an-

geklagt, daß sie nicht zu mir durchgekommen sind.«
Zwar hat sie auch heute noch oft das Gefühl, als sei es ihr nicht zuzumuten, den ersten Schritt auf andere hin zu tun, aber sie läßt sich von diesem Gefühl nicht mehr beherrschen. Sie hat sich selbst eine neue Lebensdevise gemacht, die heißt: »Ich kann und will Beziehungen selbst mitgestalten!«
Hätte man ihr früher gesagt, daß sie tief in sich den Anspruch hat, die Eltern oder andere Menschen müßten ihr erst mal beweisen, daß sie es wert ist – indem sie alle Hürden zu ihr hin selber überwinden – so hätte sie laut protestiert. Sie selbst erlebte sich als hilflos, unfähig und nicht als eine, die einen Anspruch stellte! Heute weiß sie, daß sie Wiedergutmachung haben wollte und sich in diesem Anspruch selbst lahmlegte.
Noch viel tiefer verschüttet – und vor sich selbst und anderen Menschen selten zugegeben – ist die Fehlhaltung der Rache und Vergeltung.

4. Haltung der Rache und Vergeltung

Diese Haltung ist tief in uns Menschen verwurzelt, ob wir das wissen und wahrhaben wollen oder nicht.
»Wenn ich gesund würde, dann könnten meine Eltern sich völlig unbelastet fühlen und meinen, wie sie mich behandelt haben, wäre gar nicht so schlimm gewesen«

entschlüpfte es einer magersüchtigen Frau. Sie trug ihre Krankheit, mit der sie sich ja eigentlich »durchstrich«, als Mahnmal für die Eltern. Sie erschrak über sich selbst, als sie jetzt erkannte, wie sehr sie ihr Leiden zur Strafe für die Eltern gemacht und dabei bisher ihr eigenes Leben völlig versäumt hatte. Aber auch in diesem Fall, wenn die Fehlhaltung der Rache besteht, sind meist nicht nur die Schädiger betroffen, sondern sehr häufig trifft die Vergeltung alle einem nahestehende Menschen: Freunde und vor allem Ehepartner. Leider dürfen auch sie dann in der Beziehung zu einem solchen Menschen ihres eigenen Lebens nie wieder recht froh werden. Daß sich diese Haltung zerstörerisch auf alle Beziehungen auswirkt und selbst die geduldigste Freundin, den liebevollsten Ehemann auf Dauer ermüdet und in die Flucht treibt, ist verständlich.

»Sie werden mich auch nicht davon überzeugen, daß man sich auf Menschen verlassen kann. Ich weiß es besser. Obwohl ich mich immer so um Menschen bemüht habe, haben sie sich von mir abgewandt, sobald sie mich nicht mehr brauchten«, war die bittere Bilanz einer Frau, die in dieser Fehlhaltung fixiert war. Sie war fest entschlossen, alle Menschen aus ihrer Nähe zu verbannen.

Die Fehlhaltung der Rache und Vergeltung ist besonders schwer aufzudecken und bedarf großer Anstrengung und auch Geduld, bis sie korrigiert ist, sowohl beim Verletzten, als auch bei denen, die ihm nahestehen.

Ich erinnere mich an eine Frau, die mit einer schweren Depression in meine Behandlung kam.

Nach ungefähr zwei Wochen spürte ich immer deutlicher, daß ich irgendwie in jedem Gespräch mit dieser Frau gegen eine Mauer ankämpfte und abgewiesen wurde. Schließlich verlangte sie in vorwurfsvollem Ton ihre Entlassung. Da ihr Elend deutlich sichtbar war, wollte ich ihr gerne helfen und fragte, ob es irgendeinen Grund dafür gäbe, daß sie abreisen wolle. Außer der Feststellung, daß sie enttäuscht sei, bekam ich keine Antwort. Sie reiste (unglücklich) ab. Und ich war unglücklich über den Ausgang und wurde das Gefühl nicht los, etwas verbrochen zu haben.

Einige Monate später erfuhr ich zufällig, daß ich ihrer Bitte um Massagen, die sie beiläufig geäußert hatte, nicht nachgekommen war. Einer Mitpatientin gegenüber hatte sie geäußert, daß sie nur einen Versuch mache, dann sei der Mensch, der sie enttäuscht habe, für sie gestorben. Sie hatte sich – aus einem geringen Anlaß heraus – an mir gerächt, indem sie alle meine Bemühungen abprallen ließ und schließlich abreiste. Vermutlich hat diese Rache für Verletzungen von früher auch andere – wie ich unvollkommene Menschen – getroffen und führte bestimmt immer wieder zum Abbruch von Beziehungen.

Zwar war sie in dieser Rache vermeintlich stark, ließ andere Menschen mit Schuldgefühlen sitzen, doch sie war sicher auch sehr einsam. Und das kurze Gefühl des Tri-

umphes, das solche Menschen in den Augenblicken der Rache erleben, ist bitter bezahlt, im Falle dieser Frau mit einer Depression.

Aber Gott sei Dank ist dies nicht das Ende dieser Geschichte! Wieder einige Monate später erhielt ich einen Brief von dieser Patientin, in dem sie sich für ihr Verhalten entschuldigte. Allerdings ohne nähere Erklärung. Da ich ja wußte, daß sie mir meine Unterlassung nicht verzeihen konnte, bat ich sie, mir doch meinen Fehler zu vergeben, dann sei zwischen uns alles in Ordnung gebracht. Es muß wohl der erste Anstoß dazu gewesen sein, über *ihren* Willen oder die Verweigerung zu verzeihen nachzudenken. So oft schon hatte sie sich in dem dumpfen Gefühl, sich nicht richtig verhalten zu haben »so allgemein« bei anderen Menschen ent-schuldigt – meist ohne rechten Erfolg für die Beziehung. »Ich habe im Traum nicht daran gedacht, daß ich vergeben soll und kann und daß damit Beziehungen in Ordnung kommen«, schrieb sie mir.

II. Wie kann man Menschen mit Fehlhaltungen helfen?

Wie sicher schon deutlich geworden ist, gibt es sehr verschieden schwere Auswirkungen von Fehlhaltungen, die in alten Verletzungen begründet liegen. Wenn ein Mensch so schwer leidet, daß er in ärztlicher Behandlung ist, so sei jedem, der helfen will, dringend angeraten, darum zu bitten, einmal mit dem betroffenen Menschen zu dessen Arzt gehen zu dürfen. Auf diese Weise kann im gemeinsamen Gespräch zwischen Leidendem, Helfer und Arzt das geeignete Hilfsangebot herausgefunden werden.
Verweigert der Leidende dieses Gespräch, so sollte der Mensch, der gerne helfen möchte, sich eher zurückhaltend zeigen.
Die Gefahr, daß er mit seiner großen Bereitschaft zu helfen den Leidenden in falschen Ansprüchen nur noch bestätigt, liegt sonst nahe mit der Folge, daß dem Helfer »die Puste ausgeht« und der Verletzte sich wieder einmal in seiner Meinung, daß auf keinen Menschen Verlaß ist, bestätigt fühlt.
Ich habe schon häufig den Begriff gehört: »Tyrannei der Schwachen«. Ich glaube dies kann man übertragen in »Tyrannei der Verletzten«. Oft fühlen sich ganze Familien, Gemeinden, Gruppen und Freundeskreise von ei-

nem Menschen mit Wiedergutmachungsansprüchen oder gar Rachehaltung tyrannisiert, ohne daß sie auf den Gedanken kommen, daß sie selbst zu diesem unerträglichen Beziehungszustand beitragen.

Hinweise auf Fehler, die man aus »Liebe« macht:

Natürlich will man als Helfer, der vor so großem Elend steht, dem Verletzten viel Liebe zeigen und diesem auf keinen Fall neue Anstrengungen zumuten! Und vor allem möchte man selbst ja nicht rücksichtslos erscheinen und diesen Menschen erneut verletzen.
Man nimmt dem Verletzten all die Dinge ab, die ihm zu schwer erscheinen und meidet alle Themen, die zu Spannungen führen könnten. Der Helfende ruft sich selbst immer wieder zur Geduld und erneutem Verständnis auf, besonders dann, wenn man erlahmen möchte oder gar Ärger über die Passivität des anderen auftaucht. Kann man denn nicht dankbar sein, daß man selber eine bessere Kindheit hatte? Und steht nicht auch in der Bibel, daß einer des anderen Last tragen soll? Auf einmal findet man sich in dem gleichen Teufelskreis wie der Verletzte. Alles dreht sich um die Verletzung und die Unmöglichkeiten, die daraus entstanden sind.
Eine junge Frau kam nach einer Abtreibung, die wegen enormer Ängste vor der Schwangerschaft durchgeführt worden war, mit schwersten Depressionen in meine kli-

nische Behandlung. Im Gespräch klagte sie: »Warum haben die Leute in der Beratungsstelle denn nur ausschließlich Verständnis für meine Ängste und Sorgen gehabt? Davon hatte ich doch selbst genug! Keiner hat mir Mut gemacht!« Sie war aber auch ehrlich genug zuzugeben, daß ihr dieses Verständnis damals sehr angenehm gewesen war. Sie hatte sich sogar herzlich dafür bedankt. Erst später sah sie voller Verzweiflung, daß diese Art Verständnis ihre eigene Angst fixiert hatte und eine neue Sichtweise, neue Hoffnung und Mut ausschloß und so den Vorsatz zum Tod ihres Kindes bestätigte.

Ich habe auf meiner Station einen Spruch hängen: »*Richtig helfen heißt nicht, jemandem geben, was er haben will, sondern was er braucht.*« Ja, was braucht denn ein Mensch, der immer wieder verletzt worden ist und dessen Selbstwertgefühl, dessen Zutrauen in die eigenen Möglichkeiten gleich Null sind?
Ich denke, er braucht nichts so sehr wie die Erfahrung, daß er selbst etwas kann und die Bestätigung von außen, daß man ihm etwas zutraut!
Ich bin fest davon überzeugt, daß Gott in jeden Menschen einen unverletzlichen Kern hineingelegt hat. In der Bibel steht, daß Gott uns seinen »Odem« gab und wir ebenbildlich zu ihm geschaffen wurden.
In einem wunderschönen Gedicht ist dies so festgehalten:

Breit aus die Flügel beide,
o Jesu, meine Freude,
und nimm dein Küchlein ein.
Will Satan mich verschlingen,
so laß die Englein singen:
»Dies Kind soll unverletzet sein.«

Dieser Kern soll und kann durch Leiderfahrung sogar gefestigt und weiterentwickelt werden. Viktor E. Frankl, Gründer der Psychotherapieschule »Logotherapie« (= sinnorientierte Therapie), der meiner Meinung nach von allen Therapeuten die wesentlichsten Aussagen macht, nennt diesen Kern »geistige Person«.

Mit der am Anfang des Kapitels geschilderten Helferhaltung aber wird gerade diese Weiterentwicklung behindert, weil ja offensichtlich auch die Helfer diesem Menschen keine neuen Möglichkeiten zutrauen – sonst würden sie ihm ja nicht alles abnehmen. Ja, oft wird dem Verletzten sogar die Verantwortungsfähigkeit abgesprochen, was sich in solchen Aussagen zeigt: »Mit dieser Vergangenheit kannst Du ja wirklich nicht...« oder: »Wer so etwas erlebt hat, der muß ja...«

Konrad Lorenz hat, als er den Nobelpreis bekam, beklagt, daß in unserer Gesellschaft Verantwortung hin und her geschoben und schließlich wegdiskutiert werde, so daß sie kaum noch zu finden sei. Eines ist klar: Schuld ist ein Verletzter an seinen Verletzungen in der Kindheit nicht. Aber verantwortlich dafür, wie er jetzt damit umgeht, das ist er schon! Wer das bestreitet, der geht würdelos mit Verletzten um und macht sie zu Dauerbehinderten.

Vielleicht kann ein Verletzter heute noch nicht. Aber er kann in kleinen, anstrengenden und manchmal auch angstmachenden Schritten, die ihm zugetraut werden müssen, Neues lernen. Er kann es wagen, wieder Vertrauen zu schenken, Mut zu fassen, Möglichkeiten zu ergreifen und so die erworbene Fehlhaltung langsam loszulassen und schließlich seine Einstellung zu verändern. Dabei braucht er dringend Hilfe. Hilfe, die ihm etwas zutraut, die ihn nicht in seinen Unmöglichkeiten fixiert, sondern ihn zu den notwendigen Schritten ermutigt, auffordert und ihn dabei begleitet. Er braucht Menschen, die geduldige Begleiter sind, die nicht lieber alles selbst machen. Menschen, für die auch der kleine Erfolg zählt, d.h. der Umgang mit solchen Menschen darf sich nicht auf »Rücksicht« beschränken. Zwar ist es not-wendig, mit einem Verletzten einmal auch zurückzuschauen, die alten Verletzungen zu betrachten und die schlimmen Gefühle, die damit verbunden waren und noch sind, ernst zu nehmen und mit ihm darüber zu trauern. Aber meistens ist das schon oft geschehen – zu oft geschehen – mit der Folge, daß die schlimmen Gefühle immer mächtiger wurden.

Dennoch kann es gut sein, am Anfang des Helfens auch

noch einmal »Rück-sicht« zu »tun«. Aber dann muß der Helfer die Blickrichtung nach vorne wenden und den Leidenden auffordern, es mit seinem Blick ebenfalls zu tun.
Das ist der entscheidende Punkt beim Helfen. Ich will dies an einem Bild verdeutlichen: Stellen Sie sich vor, sie begegnen einem bedauernswerten Menschen auf einem Bahnhof. Er sitzt dort mit Sack und Pack, offensichtlich schon längere Zeit hilflos. Der unglückliche Anblick rührt Sie an, und Sie wollen helfen. Nun erfahren Sie von diesem Menschen, daß er vor einiger Zeit mit allem notwendigen Gepäck ankam, ein Ziel vor Augen. Aber dann hat ihm jemand eine völlig falsche Auskunft gegeben, er hat seinen Zug verpaßt. Und da sitzt er nun, ist wütend und gekränkt und mutlos. Er macht sich Gedanken darüber, ob er aus Bosheit, Achtlosigkeit oder Schabernack in die Irre gleitet wurde. Er erzählt Ihnen dies immer wieder, kommt von seinen Fragen nicht los… und Sie wissen, daß derweil immer neue Züge zu neuen lohnenden Zielen wegfahren. Aber die verpaßt er nun auch, weil er davon gar nichts wissen will. Er will nur, daß Sie seinen Ärger, seine Gekränktheit verstehen und bestätigen. Das aber wäre keine Hilfe, wenn Sie nur das täten. Vielleicht erwartet unser armer Mensch auch, daß Sie ihm eine neue Fahrkarte bringen und ihn in den Zug setzen, weil er sich dafür nicht verantwortlich fühlt. Schließlich ist er ja von einem anderen Menschen ins Un-

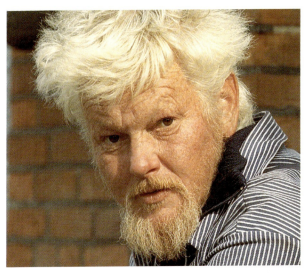

glück gebracht worden, also soll ein anderer Mensch ihn auch da herausbringen!

Wenn Sie diesem Menschen nun klarmachen, daß er aufstehen soll und sich mit Ihnen nach neuen Zügen in für ihn sinnvolle Richtungen umsehen soll, so wird er Sie anklagen: »Du verstehst mich auch wieder nicht!« Und dann erfahren Sie, daß auch schon andere Menschen bei ihm stehengeblieben sind, die ihn aber alle enttäuscht haben.

Dem Verletzten geht es genauso: Er ist zu Beginn seiner Lebensreise, für die er gut mit Gepäck versorgt war, auf einen falschen Weg gewiesen worden und sitzt nun dort fest wie in einem Wartesaal fürs Leben.

Helfende müssen es also aushalten, nicht immer beliebt zu sein. Ein Verletzter, der noch in seinen Fehlhaltungen »festgebacken« ist, erwartet ja, daß man ihm die Dinge abnimmt, zumal er dies ja auch immer wieder erlebt hat. Zwar hat es ihn nicht weitergebracht, aber es war ihm der Aufenthalt im Wartesaal des Lebens doch angenehm gemacht. So wird er wohl zunächst gar nicht sehr dankbar sein, wenn nun jemand kommt, der von ihm verlangt, daß er – obwohl er so schwach ist – eigene Schritte gehen soll. Er erlebt dies als unzumutbar. Er wird glauben – und das dem Helfer auch vorwerfen –, daß man ihm die berechtigte Hilfe verweigert. »Das hätte ich von *dir* nicht erwartet, daß du mich auch so enttäuschst!« oder »Du verstehst mich auch nicht, man kann wohl kein Verständnis auf dieser Welt erwarten!« Dies sind Anklagen, die ausgehalten werden müssen.

Es bedarf oft vieler Gespräche, um ihm deutlich zu machen, daß man ihm nicht nur Erleichterung gewähren will, sondern ihm zutraut, daß er sich weiterentwickeln kann – trotz aller Verletzungen der Vergangenheit. »Ich hätte nie gedacht, daß ich mit meiner Vorgeschichte jemals anderen Menschen helfen kann«, schrieb mir vor einiger Zeit eine junge Frau glücklich nach jahrelangen Klagebriefen voller Selbstmitleid und Vorwürfen, wie eingeengt ihr Leben durch die Rücksichtslosigkeit und den Egoismus ihrer Mitmenschen sei. Wie oft hatte sie erlebt, daß Helfer sich wieder zurückzogen, weil sie sich ausgesaugt fühlten. Wie sehr hatte sie sich in ihrer Abhängigkeit von anderen Menschen gedemütigt gefühlt. Sie war so unglücklich, daß sie versuchte, sich das Leben zu nehmen. Erst als sie aufhörte, das von ihr gewünschte Verständnis anderer »einzuklagen« oder gar zu erpressen und sich bemühte, andere Menschen durch Zuneigung und Entgegenkommen selbst besser zu verstehen, begann ihr unglückliches Leben reicher und freudiger zu werden.

Praktisch sieht das so aus, daß man dem Menschen, dem man helfen möchte, immer wieder Angebote macht, die ihn zu kleinen, eigenen Schritten einladen.

Dazu ein Beispiel von besonderer Brisanz, weil es sich um Mutter und Tochter handelt:

Eine junge Frau – kurz vor der eigenen Hochzeit – kam zu mir, weil sie Hilfe suchte in der Abgrenzung von ihrer Mutter. Diese war früh vom Ehemann verlassen worden und hatte sich ganz auf die Tochter konzentriert. Nun konnte und wollte sie diese nicht freigeben für deren eigenes Leben. Nach den Schilderungen ist zu vermuten, daß das Verlassen-werden durch den Ehemann schon die Folge von Fehlhaltungen – Fehlerwartungen an Mitmenschen war. Nun kam es zum starken Konflikt in der Tochter, die von Kindheit an gehört hatte, daß die Mutter für sie auf alles, auch auf eine neue Bindung verzichtet hatte. Zum Konflikt zwischen dem Verpflichtungsgefühl, ihre Liebe nun auch der Mutter opfern zu müssen (Schuldgefühle!) und dem berechtigten Wunsch nach einem eigenen Leben.

Die erste Entlastung für die Tochter war, daß ich ihr sagte, daß die Mutter ja nun auch die Chance habe, ihr eigenes Leben noch zu entfalten, weil sie die Tochter ja nun für deren eigenes Leben gut erzogen habe. D. h., ich habe versucht, die alten Spielregeln der gegenseitigen Verpflichtungen – ohne zu diskutieren, ob diese wirklich jemals sinnvoll gewesen sind – durch ein neues Ziel zu ersetzen: »Die eigene Freiheit nutzen.«

Die Schritte zu diesem Ziel waren klein und oft mühsam, da viele alte Gewohnheiten ent-täuscht werden mußten. Ich ermutigte die junge Frau, ihrer Mutter kleinere als die gewohnten Angebote zu machen, z.B. statt jedes Wo-

chenende zu ihr zu fahren – was immer Spannungen zur Folge hatte – die Mutter für ein paar Stunden zu einer gemeinsamen Aktivität einzuladen und ihr darüber hinaus Vorschläge für neue eigene Möglichkeiten zu machen.
Zunächst reagierte die Mutter viele Wochen lang ablehnend, etwa so: »Wenn du nicht mehr Zeit für mich hast, brauchst du ja gar nicht zu kommen«. Oder: »Na ja, ich werde wohl wieder ganz alleine sein, während du dein Leben genießt!« Ja sogar direkte Beschuldigungen kamen: »Ich möchte nicht dein Gewissen haben, wenn du mal an meinem Grabe stehst.«
Herzbeschwerden stellten sich bei der Mutter ein. Ein verständiger Hausarzt schickte sie zur Kur. Hier waren die »neuen« Spielregeln – gelegentliche Besuche mit gemeinsamen Unternehmungen – ganz natürlich und unbelastet von den alten Erwartungen in der häuslichen Situation, und die Mutter konnte das Angebot freier annehmen.
Nach der Kur wurde es dann – wie selbstverständlich beibehalten, obwohl die Mutter noch gelegentlich nachforderte.
Die Ernte für diesen, auch für die Tochter oft schmerzlichen Weg, war, daß die Mutter nach einiger Zeit (es war insgesamt etwa ein Jahr notwendig) feststellte: »Ich finde, wir verstehen uns jetzt besser als jemals zuvor!« Die gemeinsame Zeit verbrachten sie jetzt oft im Gespräch darüber, was ihr eigenes Leben nun erfüllte, und echter

Austausch über Erlebtes und Erfahrungen war möglich. In der Bibel finden wir eine Geschichte, in der Jesus einem lahmen Mann die wichtige Frage stellt: »Willst du gesund (= heil) *werden*?«

Dieselbe Frage stelle ich oft einem verletzten, krank gewordenen Menschen auch. Zunächst hört sie sich unverschämt an. Es scheint selbstverständlich, daß ein Kranker gesund sein will. Aber fordert nicht auch die Gesundheit viel, was die Krankheit oder das Verbleiben in der Verletztheit uns erspart?

Bleiben wir bei der biblischen Geschichte:

Sie erzählt, daß es in Jerusalem einen Teich gab, dessen Wasser vielen Menschen Heilung brachte. Ein Mann lag schon 38 Jahre lang gelähmt an dem Teich und hatte niemanden, der ihm geholfen hätte, ins Wasser zu kommen. Nun sah Jesus ihn da liegen und stellte ihm die entscheidende Frage: »Willst du gesund werden?«

Überlegen wir einmal: Als Lahmer hatte der Mann Anspruch auf Almosen. Er wurde rücksichtsvoll behandelt, denn jeder sah ja, daß er Hilfe brauchte. Man forderte fast nichts von ihm, er hatte das Recht auf Schonung. Aber – wenn er gesund wäre – hätte er auf diese behutsame Behandlung durch die Mitmenschen keinen Anspruch mehr. Man würde von ihm erwarten, daß er sich wie jeder andere Gesunde verhielte.

Wahrscheinlich käme von den anderen Menschen niemand auf den Gedanken, daß ein lange Geschonter vie-

le Dinge nicht mehr tun kann. Wollte er also gesund werden? Er wollte – und Jesus heilte ihn. »Und er nahm sein Bett und ging hin«, heißt es in der Bibel.
Ich könnte mir vorstellen, daß er in der Folgezeit wohl manche ärgerliche oder spöttische Bemerkung hörte – er, der so lange krank war und sich vielleicht gar nicht mehr richtig in der Gesellschaft der Gesunden zu bewegen wußte. Sicher mußte er viel Unverständnis, Kritik und Tadel aushalten für Dinge, die er falsch machte, weil er die Gepflogenheiten und Regeln der Gesunden nicht mehr kannte und in vielen Dingen ungeübt war. Aber als Gesunder wurde er nun als verantwortlich angesehen, und andere haben sich vielleicht geärgert, wenn er es nicht war.
Dies ist der Preis dafür, ein ganz normaler, gesunder Mensch zu sein. Also können wir die Frage Christi ganz fürsorglich verstehen: »Willst du all die Verantwortung, die ein gesunder Mensch hat, auf dich nehmen? Willst du mit Angst und Unsicherheit die vielen kleinen Schritte des Gesundwerdens tun?«
In der Psychotherapie heißt das so: »Willst du den Krankheitsgewinn auch loslassen? Willst du auf die gewohnte Rücksichtnahme und auf die Sonderzuwendung der Menschen verzichten, an die du dich durch deine Verletztheit gewöhnt hast? Willst du in Zukunft einer unter vielen sein, vergleichbar mit den anderen Menschen?«

Wir können noch etwas von Christus als dem großen Heiler lernen: In einer anderen Geschichte wollten Freunde und Angehörige einen Bettlägrigen zu Jesus bringen, damit er ihn heile. Weil der direkte Weg zu ihm durch die vielen Zuhörer im Haus versperrt war, deckten sie kurzerhand das Dach ab und ließen den Gelähmten direkt vor Jesu herab. Der Kranke war also offensichtlich Hilfe gewohnt. Jesus aber forderte den gehunfähigen Mann auf: »Nimm dein Bett und geh!«
Stellen Sie sich das einmal vor: Dieser Mann konnte sich nicht bewegen und wurde doch so klar und deutlich dazu aufgefordert. Wie oft wohl hatte er selbst versucht aufzustehen und war nur immer wieder hingefallen? Ich bin sicher, ich hätte Christus gebeten, mich die Kraft in den Beinen spüren zu lassen, bevor ich aufgestanden wäre!
Es gibt noch eine Geschichte in der Bibel, die dieses Prinzip zeigt: Zehn Aussätzige baten Jesus um Heilung. Er sagte ihnen, sie sollten gehen und sich den Priestern zeigen. Aber wie oft hatten sie Beschimpfungen und Schläge ertragen müssen, wenn sie nur in die Nähe gesunder Menschen kamen! Und jetzt sollten sie so entstellt wie sie noch waren, zu den Priestern gehen! Hätte Christus nicht die Heilung voranstellen oder wenigstens schon mal einen Arm vorweg gesund machen können? In der Bibel steht, daß sie gesund (rein) wurden, als sie gingen...
Sicher wußte Jesus am besten, wie ein kranker, sich hilf-

los fühlender Mensch mit Liebe und Achtung behandelt werden mußte. Er hat den Menschen zugemutet und zugetraut, daß sie ihren Teil des Willens und Vertrauens und der Anstrengung auf sich nehmen!

Jesus sagt: »In der Welt habt Ihr Angst.« Er sagt nicht: »Ich mache euch alle Angst weg.« Aber er weist auch auf Trost hin. »Aber seid getrost, ich habe die Welt überwunden.« Oder er sagt: »Ich lege euch eine Last auf, aber ich helfe euch auch (sie zu tragen).« Und zu den Mühseligen und Beladenen: »Nehmet auf euch mein Joch… denn mein Joch ist sanft und meine Last ist leicht.«

D.h., alle Zusagen Christi für seine Hilfe sind an unsere Bereitschaft gebunden, die Aufgaben, die er uns stellt – obwohl sie uns oft zu schwer erscheinen – anzunehmen. Das gilt auch für die Aufgabe, unser eigenes Leben mit allen Verletzungen zu leben.

Ich möchte, um die Notwendigkeit dieses Prinzips deutlich zu machen, noch eine Geschichte hinzuziehen, die Jesus erzählt hat. Es ist die Geschichte von den anvertrauten Pfunden (griechisch: Talenten).

Drei Menschen bekommen von ihrem Herrn unterschiedliche Talente mit der Aufforderung anvertraut, etwas daraus zu machen. Zwei tun das auch und werden später belohnt. Für unsere Frage ist aber der dritte interessant.

Der traut sich nicht, sein Talent zu entfalten. Ich glaube, er hatte auch verletzende Erfahrungen gemacht. Seine

Gedanken waren darauf beschränkt, daß er ja versagen, daß er am Ende blamiert dastehen könnte.

Aber er traute auch dem Herrn nur Negatives zu. Vielleicht, weil er es früher so erlebt hatte, legte er auch seinen Herrn, der ihn doch beschenkt hatte, auf kränkendes Verhalten fest.

So vergrub er seine Gaben und tat gar nichts. Als nun der Herr zurückkehrte, wurde unser ängstlicher Mensch zur Rechenschaft gezogen für sein passives Verhalten, und es half ihm nichts, daß er sich mit seinen Vorbehalten zu ent-schuldigen versuchte.

Der Herr hatte ihm neue Möglichkeiten gegeben, und er hatte sie aufgrund seiner Fehlhaltung, die er festhielt, nicht genutzt. So wandte sich der Herr – nachdem er die Talente des dritten Dieners an die beiden anderen verteilt hatte – von ihm ab.

Helfen heißt also, einem verletzten Menschen zu helfen, seine Fehlhaltung und seine Fehlerwartungen loszulassen, so daß er mit verbliebenen Möglichkeiten, die auch bei schlimmen Verletzungen immer noch vorhanden sind, einen Neuanfang (in kleinen Schritten!) wagt.

Helfen wollen, das sich darin erschöpft, die Verletztheit des anderen zu verstehen und ihm hinfort wie einem *völlig* Unfähigen alles abzunehmen, schadet dem Verletzten und ist entwürdigend.

III. Heil werden durch Vergebung

Ein außerordentlich wichtiges Thema im Zusammenhang mit der Heilung von Verletzungen ist der Wille und die Fähigkeit zu vergeben. Deshalb müssen wir uns damit intensiv beschäftigen.
Erst Vergebung macht Heilung überhaupt möglich! In meiner täglichen Arbeit begegne ich so vielen falschen Vorstellungen, die Hindernisse für diese wichtige Fähigkeit sind. Einige möchte ich nennen:

1. Wenn ich jemandem vergebe, dann muß ich wieder in eine dichte Beziehung zu ihm treten.

Eine junge Frau, die von ihrem Vater mißhandelt und sexuell mißbraucht wurde, konnte und wollte ihm deshalb nicht vergeben. Sie glaubte, ihn dann pflegen zu müssen, jetzt, wo er alt und krank war. Die Familie, die von dem sexuellen Mißbrauch nichts wußte, erwartete dies auch, aber ihr war dies nun wirklich nicht möglich. Sie brauchte die Vorbehalte, ja sogar den Haß gegen den Vater, um eine Rechtfertigung zu haben, sich den Qualen dieser Pflege nicht aussetzen zu müssen.
Eine getrennt lebende Frau glaubte, wenn sie ihrem Mann vergebe, so müsse sie ihn wieder bei sich aufneh-

men, obwohl er sich nicht verändert hatte, trank, Schulden machte und andere Frauen hatte.
Nein, vergeben heißt nicht, sich erneut den Verletzungen ausliefern!
Vergeben heißt:
die Verletzungen aus der Vergangenheit loszulassen,
die Anklage an die Menschen, die einen verletzt haben, fallenzulassen,
daraus abgeleitete Wiedergutmachungsansprüche an die Mitmenschen aufzugeben.
Aber selbstverständlich darf der Vergebende den für ihn notwendigen Abstand zum Verletzer selbst bestimmen!

2. *Ich kann erst vergeben, wenn keine unguten Gefühle gegen den Verletzer oder andere Menschen mehr da sind.*

Dies ist ebenso falsch wie die häufige Rede: »Ich kann erst mit der Bewältigung einer Aufgabe anfangen, wenn ich Lust dazu habe.« Umgekehrt wird doch ein Schuh daraus.
Vergeben ist ein Willensakt, der auf eine gute Erkenntnis folgt, und keine Sache des Gefühls. Die guten Gefühle sind nicht Vorbedingung, sondern Folge, quasi Lohn der Vergebung. Vergeben beruht auf einer geistigen (und für den, der glaubt, auch auf einer geistlichen) Neueinstellung. Es ist oft harte Arbeit, denn die Gedanken, die sich so lange mit den Verletzungen und den Ver-

letzern beschäftigt haben, müssen immer wieder gestoppt werden. Hier gilt das gleiche Prinzip wie bei anderen unguten Gedanken: Ihnen darf kein Raum mehr gegeben werden.

Ich glaube, daß Luther das meint, wenn er sagt, daß die »Vögel der Versuchung« wohl über unsern Köpfen kreisen, aber wir verhindern müssen, daß sie Nester darauf bauen.

Ich meine, häufig lassen wir sogar zu, daß sie noch Junge in diesen Nestern großziehen – nämlich die beschriebenen Fehlhaltungen!

Wohl dem, der dabei Gottes Hilfe in Anspruch nehmen kann! Eine Aufforderung der Bibel ist: »Verlaß dich nicht auf deinen Verstand (das gilt auch für das Gefühl), sondern auf mein Wort.« Und Jesu Zusage ist – also sein Wort –, daß er überwunden hat.

Wir dürfen also unsere negativen Gefühle und Gedanken, sooft sie auftreten, an Gott abgeben. Ja, ich gehe, weil sich dies oft bewahrheitet hat, noch einen Schritt weiter. Ich glaube, daß wir Gott – obwohl wir noch negative Gefühle haben – sogar dafür danken sollen, daß er sie längst überwunden hat. Das ist schwer, nicht wahr?

Eine junge Frau, die nach eigenen Aussagen ihr Kind leichtfertig abgetrieben hatte und die Christin geworden war, kam zu mir und berichtete unter Tränen, daß sie Gott mehrmals täglich um Vergebung dieser Schuld bitte, aber die Schuldgefühle würden eher stärker.

Ich begriff, daß sie sich viel stärker mit ihrer Schuld und den Schuldgefühlen beschäftigte (Nester bauen!), als mit Gottes Gnade und Vergebung.

Deshalb forderte ich sie auf, jedesmal, wenn ihre Gedanken und Gefühle sie drängten, erneut um Vergebung zu bitten, dann solle sie Gott für die Vergebung danken. Für die Vergebung, die sie selbst also noch gar nicht spürte. Sie tat dies (sie »opferte« Gott Dank!) entgegen ihren Gedanken und Gefühlen. Sie folgte nicht mehr ihrem eigenen Maßstab, sondern dem Maßstab Gottes. Nach etwa zwei Wochen kam sie froh zu mir. Ihre Seele hatte die Vergebung angenommen, weil sie sich mehrmals täglich darauf ausrichtete.

Vielen Menschen hilft die Erfahrung, daß man ja selbst Vergebung erfahren hat, in der Folge dann auch, dem Verletzer zu vergeben. Dies trifft jedoch nicht auf alle Menschen zu. Manche – und gerade viele Verletzte – sind so auf ihre Bedürfnisse konzentriert, daß sie nur diese sehen. Auch dazu gibt es eine Geschichte in der Bibel, die wir Verletzten, die in Unversöhnlichkeit verharren, nicht vorenthalten dürfen. (Eine Durchgangsstufe des Hasses auf die Verletzer ist not-wendig, aber dann muß der Verletzte diese verlassen, sonst erstarrt er in Bitterkeit und wird zur »Salzsäule«!)

Ein Schuldner bekam von seinem gnädigen Herrn seine großen Schulden erlassen. Wie fühlte er sich befreit! Sofort nutzte er diese geschenkte Freiheit aber, um bei dem,

der ihm einen kleinen Betrag schuldete, diese Schulden einzutreiben. Vielleicht glaubte er, ohne das Geld seine eigene Freiheit nicht recht nutzen zu können. Vielleicht glaubte er gar, ein Recht auf dieses Geld zu haben. (»Das ist doch etwas völlig anderes«, höre ich oft, wenn Verletzte darauf aufmerksam gemacht werden, daß sie selber auch von der Vergebung leben.)
Gott aber beurteilt das anders. In der Geschichte bekommt der, der den eigenen Schuldner zahlen läßt, auch seine eigenen Schulden wieder aufgebürdet. Das heißt, er ist nicht frei, er bleibt belastet.
Dann, wenn man diese Arbeit der Vergebung tut, stellt man nach und nach erstaunt fest, daß die Gefühle mitverändert werden, heil werden. Wer aber die guten Gefühle als Voraussetzung erwartet, der wird sie nie bekommen.

3. Die eigene Macht der Unversöhnlichkeit wird überschätzt.

Besonders Menschen, die in ihrer ohnmächtigen Wut und in ihren Rachegedanken einen gewissen Trost finden, glauben, daß sie die Verletzer mit der Verweigerung der Vergebung gewissermaßen in Bann legen können.
»Das könnte dem so passen, dann könnte er sich ja völlig frei fühlen...« Mit diesen Worten begann eine Frau, die sich mit der Beziehung zu ihrem Vater auseinander-

setzte, häufig ihre Sätze. Aber so viel Macht über andere haben wir Menschen gar nicht!
Wenn ich einem anderen z.B. leichtfertig vergebe, weil ich schnell wieder beliebt sein will, so ist mit dieser meiner Vergebung nichts gewonnen, wenn dieser andere Mensch mit seiner Schuld und meiner Vergebung ebenso leichtfertig umgeht. Seine Schuld lastet weiter auf ihm. Wenn ich aber einem Menschen, der für seine Schuld Buße getan hat und Gottes Vergebung erlangt hat, nicht vergebe, so ist seine Schuld dennoch »in Meerestiefe versenkt«, er ist also frei. Der einzige, der dann noch mit dieser Schuld zu tun hat, bin ich selber.

4. Vergebung macht frei für eigenes Leben

Das Gegenteil von Vergeben ist Nachtragen. Stellen Sie sich einmal einen Menschen vor, der nachträgt. Er schleppt schwer! Je nachdem, wieviel er nachträgt, verbraucht er dafür einen großen Teil oder gar alle seine Kraft. Er hat keine Hand frei zur Gestaltung seines eigenen Lebens. Sein Denken wird erfüllt von dem alten Geschehen.
Vergeben macht also *mich* frei und gibt *mir* Kraft für ein aktives eigenes Leben. Nicht vergeben heißt auch, den Blick nach rückwärts richten. Ich erinnere an das Bild von dem Menschen, der pflügt und nach rückwärts schaut. Dies macht deutlich, daß kein richtiges Vor-

wärtskommen möglich ist, solange ein Mensch auf die Vergangenheit fixiert ist.

In der Bibel, im Alten Testament, lesen wir die Geschichte von der Frau von Lot, die im Zurückblicken auf die brennende Stadt zur Salzsäule erstarrt. Diesen Ort hatten sie auf Gottes Geheiß hin verlassen sollen, weil dort so viel Böses geschah. Aber diese Stadt war über viele Jahre ihre Heimat gewesen, an der sie also auch hingen. Gott hatte, weil er Lots Familie eine neue Zukunft eröffnen wollte, verboten, zurückzuschauen. Auch in dieser Geschichte zeigt sich, wie fürsorglich Gottes Ge- und Verbote sind. Der Schöpfer kennt seine Geschöpfe und weiß, was gut für uns ist. Aber leider übertragen wir ja unsere schlechten Erfahrungen mit Menschen auch auf Gott, und es fällt uns so schwer, seinen Rat, sei er als Verbot oder Gebot formuliert, anzunehmen.

Wie viele Menschen, die zu mir kamen, waren erstarrt im Blick auf eigentlich vergangenes, aber durch Nachtragen immer noch gegenwärtiges Leid.

»Ich fühle mich wie gelähmt«, höre ich oft die Klagen. Vergeben heißt also auch, zu mir selbst zu kommen, meine Lebendigkeit wieder zu spüren, meine eigenen Wünsche ans Leben und neue Lebensräume zu entdecken. Vergeben heißt, aufzuhören zu fragen, wer schuld sei daran, daß ich hier so armselig sitze. Es soll vielmehr die Antwort sein auf die Frage: »Wo will ich denn hingehen?« Also mein Leben zu ver-antworten. Verantwor-

tung macht allen Menschen, die einigermaßen ernsthaft sind, oft auch Angst. Aber viel mehr Angst erleiden die Menschen, die durch ihre Lebensgeschichte eine Rolle der Passivität, des »Erleidens« angenommen haben. Sie sind es gewohnt, daß über sie bestimmt wird, zu Gericht gesessen wird, daß sie benutzt und ausgenutzt werden... Ja, sie sind schließlich mit sich selbst so umgegangen!
Es gibt Unterschiede in Ängsten, die viele Menschen nicht kennen. Für sie ist Angst immer schlecht und darf nicht vorkommen. Weil Verletzte in der Kindheit oft untragbare Angst aushalten mußten, kennen sie häufig nur den oben genannten Umgang mit Angst. Stellen Sie sich einmal vor, es gäbe keine Angst. Das wäre lebensgefährlich! Angst ist ein wichtiges Warnsignal. Deshalb müssen Verletzte lernen, diese sinnvolle Angst auf sich zu nehmen. Und sie müssen lernen, mit dieser Angst den eigenen Weg zu planen und zu gehen. Dazu aber bedarf es des Blickes nach vorne auf sinnvolle Ziele und auch die Kraft ihrer ganzen Persönlichkeit.
Das Märchen Aschenbrödel illustriert dies deutlich. Als Aschenbrödel noch vollständig in ihrer Rolle des Aschenbrödels befangen war, nur auf die Asche und die Drecksarbeit schaute und die Ablösung von der Stiefmutter erwartete, schien ihr Schicksal besiegelt zu sein. Erst als in ihr der Wunsch aufkeimte, auch auf das große Fest zu gehen, änderte sich ihr Leben. Aschenbrödel mußte diesen Wunsch erst einmal zulassen und auf das

Fest wollen, das im Märchen ein Symbol für das Leben ist. Nun konnte die Liebe der Mutter, die zwar schon lange tot war, die aber ihre Hilfskraft nicht eingebüßt hatte, wirksam werden. Und die Täubchen, die auch schon vorher am Fenster gesessen hatten, konnten jetzt zu Hilfe eilen. Aschenputtels Leben war also an einem Wendepunkt angelangt, als sie ihren Blick auf ihre eigenen guten Möglichkeiten richtete. Und dann erst sah sie die Liebe anderer Menschen und nahm sie überhaupt wahr. Dies machte ihr zunächst aber große Angst, und sie lief der Liebe davon. Aber der Liebende war geduldig.

»Ich hab jetzt so viele eigene Möglichkeiten entdeckt und Dinge, die ich tun will, daß ich nicht mehr so viel Wochenenddienst machen kann, wie bisher.« So enttäuschte eine junge Frau ihren Arbeitgeber. Bis zu diesem Zeitpunkt war sie mit freiwilliger Wochenendarbeit ihrer Verzweiflung über die alte Einengung begegnet. Und in ihrer rückwärtsgewandten Klage, gekoppelt mit ihrer passiven Lebenseinstellung, war Arbeit der einzige Ausweg gewesen. Erst jetzt merkte sie, wie rein zweckmäßig und lieblos sie ihre Wohnung eingerichtet hatte und bekam Lust, es sich gemütlich zu machen und sich gut und kreativ einzurichten.

Aber die meisten verletzten Menschen brauchen nicht nur eine Vorstellung von einem eigenen guten Leben, sondern auch Menschen, die ihnen zutrauen, daß sie ge-

nau dies tun können: ihren Lebensraum füllen. Ein Verletzter braucht also Menschen, die ihn lieben.
»Ich bin Ihnen so dankbar, daß Sie an mich geglaubt haben« schrieb am Neujahrstag eine Frau einem Kollegen von mir. Er war ihr behandelnder Arzt und hatte ihr keine Sonderbedingungen eingeräumt, obwohl sie solche wegen ihrer Ängste forderte. Statt dessen hatte er ihr immer wieder versichert, daß sie ihrer Angst nicht zu dienen brauche! Ich glaube, er hat sich dabei an unserem großen Gott ein Beispiel genommen, der ja in seinem Wort uns auch sagt: »Wen Gott liebt, den erzieht er.«
Wenn nun ein Mensch gelernt hat zu vergeben, wird noch etwas passieren: Wer vergeben kann, kann auch wirklich Vergebung annehmen. Wie oft höre ich von nachtragenden Menschen, daß sie sich auch nicht vergeben lassen können und sich auch selbst nicht vergeben! Sie bitten Gott für ein und dieselbe Verfehlung immer wieder um Vergebung, weil sie nicht daran glauben können, daß ein Gebet für Gott genügt.
Lernen sie aber, das Geschenk der Vergebung wirklich anzunehmen, dann werden sie doppelt frei und damit umfassend heil:
Frei für neue eigene Schritte,
frei für gute Beziehungen
frei von der Last der eigenen Verfehlungen.
Allerdings werden sie weder fehlerfrei noch sorgenfrei. Aber ihre Sichtweise über sich selbst ändert sich. Sie

müssen nicht mehr, wie vorher beschrieben, ihre eigenen Stärken klein machen und pausenlos auf ihre eigenen Schwächen schauen, sondern sie können ihre Gaben entdecken, entfalten und einsetzen – und Gott dafür dankbar sein.

Und gerade diese völlig neue Haltung der Dankbarkeit ist immer mit großer Freude verbunden. Die Fähigkeit, sich zu freuen, setzt neue Kräfte frei, und so kann aus dem Teufelskreis eine Wirkkette guter Kräfte werden.

Niemand braucht beim Seufzer »Ich bin halt so…« stehenzubleiben. Veränderungen, Aufbruch und neue Schritte sind möglich!